LONELY PEOPLE

gedichte

pit vogt

Idee, Design & Layout: Pit Vogt

Alle Texte sind frei erfunden

<u>*Impressum*</u>

Herstellung und Verlag:
BoD - Books on Demand GmbH, Norderstedt
ISBN: 9783755713678

Ende

Er ging den weiten Weg hinaus
Es war ein neblig-trüber Tag
Der Morgen sah wie jeder aus
Da ging er fort von seinem Haus
Sein Blick, so starr und ohne Frag

Ein Regenschauer zog ins Land
Hier draußen, wo sonst keiner lebt
Er hat die Fotos längst verbrannt
Nur Einsamkeit lag überm Land
Für seinen Traum war's längst zu spät

Sein Leben ließ er weit zurück
In diesem Haus, am stillen Wald
Er suchte nicht mehr nach dem Glück
Und ließ die Hoffnung weit zurück
Und war erst fünfzig Jahre alt

Vor vierzehn Tagen war's genau
Als er hier seinen Sohn verlor
Und wenig später starb die Frau
Es war wohl hier
Ja, ja, genau
Als seine Seele starb, erfror

Bis dahin schien das Leben gut
Karriere, Geld, ein Haus, ein Boot
Doch irgendwann verlosch die Glut
Mit der Familie liefs nicht gut
Und plötzlich waren alle tot

Er setzte sich auf einen Stein
Hier draußen, auf dem weiten Feld
Warum nur musste das so sein
Am Schluss ein Kilometerstein
Am Ende hilft nicht Gut, nicht Geld

Noch einmal raffte er sich auf
Noch zwei, drei Schritt
Irgendwohin
Was für ein allerletzter Lauf
Warum rafft man sich immer auf
Und wo liegt aller Lebenssinn

Es wurde Nacht und er blieb stehn
Ein Blitzschlag nahm ihn mit sich fort
Er konnte nicht mehr weiter gehn
Er blieb nur einfach wortlos stehn
An diesem trüben schlimmen Ort

Geblieben ist ein Häuflein Staub
Das trieb in die Unendlichkeit
Ein Blitzschlag traf
Es war nicht laut
Von manchem Leben bleibt nur Staub
In einer schwarzen Dunkelheit

Sein Haus ist fort
Es steht nicht mehr
Man riss es ab vor kurzer Zeit
Und nur die Steine wiegen schwer
Sein Haus, sein Leben gibt's nicht mehr
Was ist's, dass nach uns übrigbleibt

Flucht

Verrückte Stadt
Verhallt mein Schrei nach Liebe
Die Menschen hier, die geben mir nichts mehr
Ich zieh davon,
in aller Herrgottsfrühe
zum fernen Ort
Der Abschied fällt nicht schwer

Am schroffen Berg,
ein Schneesturm schlägt ins Auge,
bau ich ein Zelt
Ein Bär streicht nah vorbei
Ich atme tief
Wohin ich immer schaue,
wacht Einsamkeit
Sie ist mir einerlei

Die Nacht beginnt
und Kälte zieht ins Herze
Und Sehnsucht sinnt
nach einem andern Du
Ich ess mein Brot
Mich wärmt nur eine Kerze
Doch irgendwie
komm ich wohl nicht zur Ruh

Mein Licht verlischt
Die Müdigkeit erdrückt mich
an jenem Berg
Der Sturm zog lang vorbei
Gedankenflug
Der Mond scheint unerbittlich
ins Zelt hinein
und leckt die Seele frei

Aus meinem Traum
entsteigt ein fremdes Wesen
So wunderschön
Und mir wird's langsam warm
Mir ists,
als sei es immer hier gewesen
Ich spüre Glück
Vorbei der alte Gram

Doch bleibt nur kurz
dies sagenhafte Wunder
Es flieht die Nacht
Und fliehen will mein Traum
Er schien so nah
Nie war ein Märchen bunter
Doch blieb in meiner Seel
am Ende doch nur Schaum

Ein neuer Tag
holt mich aus meinem Schlummer
Der Berg ruht stumm
Ich kriech aus meinem Zelt
Die Einsamkeit bringt
Trauer, Tränen, Kummer
Und ich brech auf,
zieh wieder in die Welt

Verweht die Nacht,
zerfallen mit den Träumen
Jenseits Bergs
erkenn ich plötzlich *Dich*
Und meine Spur verweht
schon zwischen kahlen Bäumen
Dort hinterm Berg,
da küss ich Dein Gesicht

Nach Dir

Als ich ging
War die Straße schmal
Flossen Tränen, ohne Zahl
Nahezu
Ohne Ruh
Träumte ich wohl immerzu
Lang schien dieses Tal

Einsam war´s
In jener stillen Zeit
Für jedes dunkle Date bereit
Einfach so
Nicht mehr froh
Blieb die Hoffnung irgendwo
In jener stillen Zeit

Eines Tags
Ward ich wieder stark
Wieder neu der junge Tag
Nahezu
Ohne Ruh
Träumte ich nun immerzu
Von dem, was vor mir lag

Dreckiger Ort

Irgendwo in dieser Stadt
Dort, wo keiner Namen hat
Fand ich dich am Rand der Zeit
Warst zu schnellem Sex bereit
Dort, am Ende aller Zeit
Irgendwo in dieser Stadt

Warfst dir harte Drogen ein
Bloß nichts fühln
Das muss so sein
Träume, Liebe gibt's hier nicht
Niemand schaut dir ins Gesicht
Traum und Hoffnung gibt's hier nicht
Selbst das Bier ist selten rein

Tränen netzten deinen Blick
Wolltest Freiheit, nur ein Stück
Irgendwo in dieser Stadt
Wo kein Mensch mehr Namen hat
Bliebst du hungrig
Warst nicht satt
Sehnsucht netzte deinen Blick

Als ich ging, bliebst du zurück
Bliebst im Schatten, ohne Glück
Irgendwo im Hinterhaus
stirbt so manche graue Maus
Dort hält´s keiner lange aus
Kann man leben ohne Glück

Und schon bald fuhr ich nach Haus
Hier sieht alles anders aus
Trank den Sekt, so gegen Vier
War doch noch so nah bei dir
Schloss die dicke Eingangstür
Weit entfernt vom Hinterhaus

Irgendwo

Es war ein Morgen
Irgendwann
Der Kaffee schmeckte schlecht, so schlecht
Noch schnell ein Küsschen für den Mann
An diesem Morgen, irgendwann
Sie macht´ es allen immer recht

An jenem Tag, als Regen fiel
War´s trübe noch und seltsam lau
Ihr Job war hart, kein leichtes Spiel
Der Tag war grau und Regen fiel
Sie war ´ne starke schwache Frau

Sie sah das Elend vis-à-vis
Und mancher Fall wog tonnenschwer
Sie hielt es aus wohl irgendwie
Sie sah manch´ Trauer vis-à-vis
Doch auch sie selbst schien müd und leer

Vorm Spiegel in der Pause dann,
Da sah sie sich und weinte leis
Ein Handyklingeln
Wohl der Mann
Vorm Spiegel jetzt minutenlang
Und irgendwo zerschmolz das Eis

Was, wenn sie einfach wortlos ging
Dorthin, wo alles Glück vielleicht
Dorthin, wo aller Segen hing
Wer fragt, wenn sie jetzt einfach ging
Ob´s für das Leben dann noch reicht

Sie schloss die Augen, hielt sich fest
Sie wankte hin und wieder her
Was, wenn man sich mal treiben lässt
Sie hielt am Waschbecken sich fest
Im Leben geht so manches quer

Was für ein schöner ferner Traum
Sie wischte sich die Tränen fort
Mit Seife und mit reichlich Schaum
Wusch sie sich ab den großen Traum
Man rief nach ihr
Mit lautem Wort

Und lächelnd lief sie schnell zurück
Ein neuer Kunde wollte Rat
Wo liegt des Lebens größtes Glück
Sie lief nur ins Büro zurück
Und tat, was sie sonst immer tat

Sie sagte „Ja"
Sie sagte „Nein"
Der Arbeitstag ging schnell vorbei
So musste es wohl immer sein
Ein Leben zwischen Ja und Nein
Ihr Mann kam heim
So gegen Drei

Er

Er war ein großer, starker Held
Er hatte Ruhm, Erfolg und Geld
Er hatte eine Frau, so schön
Man hat ihn selten lachen sehn
Er liebte nicht die schöne Welt

Die Nachricht kam tief in der Nacht
Er hat sich plötzlich umgebracht
Ein Bahndamm
Irgendwo am Wald
Da war es einsam, trist und kalt
Und Regen fiel in jener Nacht

So viele Menschen kannten ihn
Er hatte eine Frau, so schön
Er war ein Star
Er sah gut aus
Er hatte auch ein großes Haus
Und sah im Leben keinen Sinn

Der Bahndamm liegt so schweigend da
Es regnet nur
Wies öfter war
Er hatte Kinder, hübsch und schön
Man hat ihn selten lachen sehn
Er war ein junger, großer Star

Der Schauspieler

Er hatte einfach nur gelacht
Der Schauspieler im letzten Akt
Er sah uns an und hat gelacht
Woran nur hatte er gedacht
Der Schauspieler im letzten Akt

Er spielte so unsagbar gut
Der Schauspieler gab alles hin
Er weinte auch und zeigte Wut
Ging es ihm wirklich immer gut
Der Schauspieler gab sich nur hin

Am Ende ging der Vorhang zu
Der Schauspieler schminkte sich ab
Er wollte jetzt nur seine Ruh
Der Vorhang ging für heute zu
Es war ein wirklich guter Tag

Dann ging er heim, tief in der Nacht
Die Frau, die Kinder schliefen schon
Ein Kuss für alle, nur ganz sacht
Denn es war still und es war Nacht
Fernab vom Bühnenmikrofon

Und als er träumte, selbst sich sah
Da spürte er auch Einsamkeit
Wer er im Spiel auch immer war
Er blieb allein dort, unnahbar
Und Frau und Leben schienen weit

Er brauchte den Theaterschein
Die Kinder hatten ihn vermisst
Er wollte jemand anders sein
Ein Leben zwischen Schein und Sein
Er hat die Frau nur sacht´ geküsst

Am nächsten Morgen gegen Acht
Ging er zur Probe für sein Stück
Er hat „Adieu" nur leis gesagt
Ging ins Theater gegen Acht
Denn dort, nur dort fand er sein Glück

Er hatte wieder gut gespielt
Der Schauspieler im letzten Akt
Ob er sich wirklich wohl gefühlt
Wer weiß das schon
Er hat gespielt
Ein Schauspieler im letzten Akt

Die Partisanin

Ein Grabmal
Irgendwo
Weit fort
Es ist kein sehr bekannter Ort
Die junge Frau starb dort im Krieg
Ihr Grabstein nur als Mahnung blieb

Sie war noch jung
Und sie war schön
Doch musste sie so früh schon gehn
Im Kugelhagel
Da am Feld
Hat sie gekämpft für unsre Welt

In einem Himmelsbataillon
Da rächte sie manch toten Sohn
Sie setzte Mut und Leben ein
Und wollt doch nie Soldatin sein

Die Schüsse sind lang schon verhallt
Und damals wars in Russland kalt
So viele blieben irgendwo
Im Vaterland
Im Nirgendwo

Vielleicht war da auch manch´ ein Traum
Und Sehnsucht
Ach
Am Waldessaum
Sie hat gekämpft an kalter Front
Im Morgengrau
Sich nie geschont

Ich schau den Grabstein lange an
Hat einst getrauert hier ein Mann
Hat irgendwo im Taiga-Wind
Geweint die Mutter um ihr Kind

Erfahren wird das keiner mehr
Nur die Geschichte wiegt so schwer
Und schweigend leg ich Blumen ab
An diesem einsam
Fernen Grab

All jene Frauen in der Erd
Sie klagen an
Vom Blut beschwert
Nein, niemals ist die Schuld vorbei
Ich fühl mich schlecht
Doch ich bin frei

So zieh voll Trauer ich nun fort
Von diesem unbekannten Ort
Die Partisanin starb im Krieg
Ihr Grabstein mir als Mahnung blieb

(In stillem Gedenken
an
Soja Anatoljewna Kosmodemjanskaja)

Besuch

Der Regen rieselt durch die Äste
Wart auf dem Friedhof ganz allein
Gedanken um des Lebens Reste
Stelln kühl in meinem Kopf sich ein

Hier ist´s so ruhig
Endlose Stille
Nur Regen fällt auf manches Grab
So endgültig
Ein letzter Wille
Hier, wo man nichts zu sagen wagt

Da giert und jagt man durch die Zeiten
Da jammert man und will noch mehr
Und spürt nicht, wie die Jahr´ enteilen
Wie alt man wird und schwach und leer

Die Jugend ist nicht festzuhalten
Der Reichtum nicht und nicht das Gut
Nichts ist auf Ewig aufzuhalten
Weil irgendwann erstarrt das Blut

So will ich Einhalt mir gebieten
Denn viel zu schnell komm ich hierher
Sollt wieder neu mein Leben lieben
Sollt Lieder singen
Und noch mehr

Der Regen rieselt durchs Geäste
Und dunkel wird's im Friedhofshain
Was tu ich mit des Lebens Reste
Schlag hoch den Kragen und geh heim

Träume

Bald ist's so weit
Ich gehe fort – zu Dir
Oh, geliebter Mississippi mein
Reißend und hart
Brutal und apart
Wildes Wasser um den scharfen Stein
In den Wäldern ein Trapper sein
Am Abend, ein Bier, ein Mädel fein
Und wieder weit hinaus
Ans Ufer meiner Träume

Ach Du mein Fluss
Wie ich mich nach Dir sehne
Doch bin ich noch so weit, so weit
Und langsam nur vergeht die Zeit, die Zeit

Bald ist's so weit
Ich mach mich auf den Weg
Oh, geliebter Mississippi mein
Die Hütte im Tal
Die Pfade, so schmal
Und in der Nacht der Mondenschein
Dort kann ich endlich glücklich sein
Und niemals mehr mach ich mich klein
Und wieder weit hinaus
Ans Ufer meiner Träume

Ach Du mein Fluss
Wie ich mich nach Dir sehne
Doch bin ich noch so weit, so weit
Und langsam nur vergeht die Zeit, die Zeit

Erinnerungen

Bunte Farben in den eingeschmolzenen Träumen
meiner Kinderzeit
Ich bin an einem Punkte angekommen,
an welchem ich nicht mehr weiter weiß
Und ich suche einen Rat
in den alten Märchenbüchern
Und ich wünsch mir die Wahrheit
aus den seidenen Zaubertüchern
Und weiß doch längst
Ich bin schon lang zu alt
für diese fernen, fernen Spiele

Teddybären mit den blauen Schleifchen
und der grüne Wasserball
Er schwimmt behänd davon
auf den Wogen meiner kalten Tränen
Ich kann ihn nicht mehr halten
Ach Teddy,
gib mir doch wie früher einen Halt
Aber er schweigt, sie ist eben vorbei,
die Zeit der Feen und der Aschenputtel
Im zerbrochenen Spiegel
wirkt mein Gesicht so müde – oder schwach
Und es wirkt blass
Und ich spür es längst
Ich bin schon lang zu alt
für diese fernen, fernen Spiele

Die alten Kinderlieder,
wo alles noch so rein und klar,
wo ich mal unbeschwert und glücklich war,
sind längst verklungen
in verklärender Unendlichkeit
Die holt mir keiner mehr zurück
Jetzt rennt man wohl nach andren Sachen
Ich habe das Verlieren nicht verlernt
Und in den feuchten Nebeln
verwunschener morgendlicher Wiesen
seh ich der Liebsten makelloses Antlitz nimmermehr
Gewesen ist gewesen
Und ich weiß es längst
Ich bin schon lang zu alt
für diese fernen, fernen Spiele

Mondloser Abend

Trübe ist der Tag
Der letzte Tag am Meer
Und immer wieder leben meine Träume
Leben in dieser kalten Einsamkeit
Ich bin abhängig zu sehr
Von alten Gefühlen
Von Dir, Du alte Liebe

Und ich stehe vor den Trümmern meines Lebens
Ausgebrannte Welt – zerstört – und jeder Tag vergebens
So flieh ich weit
Ins tatenlose Nichts der Zeit
Und die Ruinen meiner Hoffnung ragen in die
Dunkelheit
Drohen in der tristen Dunkelheit

Leise ist mein Wort
Mein letztes Wort im Wind
Und immer wieder wollt ich´s schreien
Umsonst, ich werd doch nie erhört
Was wollt ich immerzu
Von meinem Leben
Ich kann jetzt nur noch schweigen

Und ich stehe vor den Trümmern meines Lebens
Aufgebaute Welt – zerstört - und jeder Tag vergebens
So flieh ich weit
Ins tatenlose Nichts der Zeit
Und die Ruinen meiner Hoffnung ragen in die
Dunkelheit
Drohen in der tristen Dunkelheit

Clown

In der Garderobe ganz allein
Ein Clown, schon alt und ziemlich bunt
Schaut in den Spiegel lang hinein
In der Garderobe, ganz allein
Zu seiner allerletzten Stund

Mit weiß geschminktem Angesicht
Schaut er sich bitter schweigend an
Warum nur ist so hell das Licht
So weiß und trist sein Angesicht
Was für ein Narr
Ein alter Mann

So viele Jahre war es so
Die Bühne und die schöne Schau
Jetzt sitzt er hier und scheint nicht froh
So viele Jahre
Einfach so
Sein Haar ist dünn und auch schon grau

Die Kinder hatten ihn geliebt,
Als er noch sang vom großen Glück
So manches laute Frühlingslied
Sang er mit Kindern, die so lieb
Jetzt schweigt er hier im letzten Stück

Sein Leben war die Zirkusluft
Ein andrer sein, das wollte er
Er spürt, wie etwas nach ihm ruft
So fern von aller Zirkusluft
Im Herze wird's ihm ach so schwer

Er kann doch nicht so einfach gehn,
Dorthin, wo er nicht spielen kann
Soll aller Spaß mit ihm verwehn
Soll man denn wirklich wortlos gehn
Er ist ein Clown
Ein Zirkusmann

Doch bleibt ihm keine Antwort mehr
Von fern noch hört er den Applaus
In der Garderobe ists so leer
Hier gibt es keine Antwort mehr
Und er geht niemals mehr hinaus

Ganz dicht rutscht er zum Spiegel hin
„Wo ist mein Lachen", fragt er sich
Wo ist all das, was ich noch bin
Der Spiegel flüstert leis zu ihm:
„Du bleibst ein Clown, gar vorbildlich"

Und lächelnd lehnt er sich zurück
Ein letztes Mal schminkt er sich ab
Es war sein allerhöchstes Glück
Zufrieden lehnt er sich zurück
Hier vor dem Spiegel ward sein Grab

Der Tote

Ein Toter ward am Fluss gefunden
Ich habs gesehn
Er lag so steif
Und sein Gesicht war gar nicht zerschunden
Ein Toter ward am Fluss gefunden
Er lag nur da im Morgenreif

Ich stand nur da
So bleich und arg erschrocken
Man sieht gar selten solch ein Bild
Er lag, als wollte er mich schocken
Ich stand nur da
So bleich und arg erschrocken
Er hat mir tief ins Herz gezielt

Gar Vieles könnte man jetzt sagen
Doch tot bleibt tot, da hilft nicht viel
Und selten ist man sich im Klaren
Gar Vieles könnte man jetzt sagen
Ists wirklich Tod
Oder nur Spiel

Ein Toter ward am Fluss gefunden
Er lag nur da
So bleich und kalt
Und nichts an ihm war da zerschunden
Man hat ihn einfach nur gefunden
So mancher wird heut nicht sehr alt

Nordwind

Wenn der Wind von Norden weht
Kommt auch manch´ Erinnerung
An die Zeit, die in mir steht
Doch die Träume sind verweht
Und die Seele weint, ist wund

Was für eine schöne Zeit
Irgendwo am Rand der Welt
Alles Glück schien nicht mehr weit
Irgendwo am Rand der Zeit
Mir war klar, dass das nicht hält

Plötzlich kam ein Regentag
Alles wurde kalt und fremd
Irgendwann in jener Stadt
Kam ein kalter Regentag
Der uns viel zu schnell getrennt

Und ich ging ein letztes Mal
Ließ Dich irgendwo zurück
Was für eine Seelenqual
Dich zu sehn
Ein letztes Mal
Jenseits von dem großen Glück

Einsamkeit zog in mein Herz
Nirgendwo fand ich noch Sinn
Alles Beten himmelwärts
Traf mich doch nur tief ins Herz
Will zu Dir nur wieder hin

Wenn der Wind von Norden weht
Spür ich einen neuen Tag
Nein, es ist noch nicht zu spät
Auch wenn mancher Wind kühl weht
Weil ich doch noch Hoffnung hab

Phoenix

Traf Dich in der großen Stadt
Dort in Phoenix, irgendwo
Dort, wo keiner Namen hat
Irgendwo in dieser Stadt
Fragt′ ich Dich ganz einfach so

Dein Gesicht, Dein blondes Haar
Und Dein Lachen- sonderbar
Alles war wies niemals war
Wie Dein Lachen unterm Haar
Wollte bleiben, völlig klar

Ach, wir tanzten durch den Tag
Durch die wundervolle Stadt
Dort, wo keiner Namen hat
Sangen wir durch diese Stadt
Und wir stellten keine Frag

Irgendwann der erste Kuss
Blondes Mädchen, irgendwo
Niemand dachte an den Schluss
Dort in Phoenix dieser Kuss
Und wir waren glücklich, froh

Da, im Radio, dieser Song
Deine Stimme war′s, ein Traum
Phoenix, Du, nun komm doch schon
Oh mein Gott, was für ein Song
Und wir kannten uns doch kaum

Doch mein Herz schlug anderswo
Wollt nach Westen weiter ziehn
Ja, wir waren glücklich, froh
Blondes Mädchen irgendwo
Du warst unbeschreiblich schön

Eines Tags, da spürte ich
Dieses Fernweh nach Asphalt
Wusste doch, ich liebe Dich
Doch es schien absonderlich
Phoenix macht mich nicht mehr alt

Lächelnd nahm ich Deine Hand
Küste Deine Tränen fort
Als mein Pickup dann verschwand
Winktest Du mit schwerer Hand
Und bliebst stehn noch lang am Ort

Phoenix lag lang hinter mir
Musst´ nach Westen weiter ziehn
Irgendwann, so gegen Vier
Schrieb ´ne SMS ich Dir
Willst Du denn nicht mit mir gehn

Doch du schwiegst, mein Phone blieb stumm
Und ich war schon weit, so weit
Dachte schon, Du nimmst mirs krumm
Diese Trennung, die so dumm
Lang vorbei schien unsere Zeit

Da, im Radio, dieser Song
Diese Stimme, das warst Du
Riefst nach mir
Nun komm doch schon
Oh mein Gott
Was für ein Song
Und vorbei war´s mit der Ruh

Wendete den Wagen schnell
Fuhr zu Dir, mein Phoenix-Star
Jene Stund war hell, so hell
Fuhr zu Dir, nach Phoenix schnell
Plötzlich schien das Leben klar

Irgendwo am Straßenrand
Standst Du noch und winktest mir
Habe Dich sofort erkannt
Tränenschwer am Straßenrand
Jetzt bleib ich für immer Dir

Traf Dich in der großen Stadt
Dort in Phoenix, irgendwo
Wo das Glück 'nen Namen hat
Dort in dieser Riesenstadt
Wurden wir gemeinsam froh

Und der Westen blieb nicht fern
Nach Los Angeles wir zwei
Blondes Mädchen, Du mein Stern
Hollywood war nicht mehr fern
Phoenix machte uns so frei

Immer auf der langen Fahrt
Mal nach West und mal nach Süd
Unsre Herzen blieben stark
Wir zwei auf der großen Fahrt
Weil ich Dich für ewig lieb

Hofgang

Häftling Nummer Drei-Vier-Acht
Zieht durch Regen und die Nacht
Zwanzig sind sie an der Zahl
Gehen durch ein tiefes Tal
Stolpern durch die dunkle Nacht

Keiner fragt sie, sie sind stumm
Laufen nur im Kreis herum
Irgendwo in einem Knast
haben sie die Zeit verpasst
Laufen nur im Kreis herum

Und der Häftling schaut sich um
Läuft nicht aufrecht, läuft so krumm
Und der Wärter schreit ihn an:
„Los geh weiter, schneller, Mann"
Er läuft weiter
Ängstlich
Krumm

Dabei träumt er nur vom Glück
Von der Freiheit, nur ein Stück
Doch der Traum stirbt in der Nacht
Niemals mehr die Sonne lacht
Von der Freiheit gibt's kein Stück

Damals wars, er wurde schwach
Dachte wohl nicht lange nach
Schoss auf Menschen
Zwei
Dreimal
Schoss sich selbst ins Jammertal
Nein, er dachte gar nicht nach

Für Sekunden unbedacht
Für ein Leben in der Nacht
Regen im Laternenlicht
Nein, die Freiheit gibt's hier nicht
Nur die furchtbar kalte Nacht

Und er zittert und er friert
Bis man ihn zur Zelle führt
Mit fünf andern ist er dort
Nein, das ist kein schöner Ort
Wärter sind so ungerührt

So vergeht das Jahr, die Zeit
Freiheit ist unendlich weit
Häftling Nummer Drei-Vier-Acht
Weiß nicht, wie die Sonne lacht
Und die Hoffnung ist so weit

Irgendein Artikel schreibt:
„Ein Häftling starb in Dunkelheit"
Wohl wars auch kein guter Mann
Man fand ihn irgendwo
Und wann
Am tristen Ende
Aller Zeit

Begegnung

Schon fast vergessen hätt ich ihn
Den alten Mann im Supermarkt
Er schritt ganz langsam vor sich hin
Und nahm sich Eier, Brot und Quark

Um einen Osterstand schlich er
Sollt er was nehmen
Oder nicht
Das Denken fiel ihm sichtlich schwer
Und traurig schien sein Angesicht

Verschämt griff er in das Regal
Ein Osterhäschen sollt es sein
Die Rente schien wohl ziemlich schmal
Und manch´ Geschenk ward ziemlich klein

Ich dacht´, ob ich ihn ansprech dort
Er schaute mich ganz kurz nur an
Vielleicht ein nettes, kurzes Wort
Ein „Frohes Fest" für diesen Mann

Doch er ging fort mit seinem Has´
Ich nahm noch dies und jenes mit
So manches Süße, Obst im Glas
Und auch vom Käs ein dickes Stück

Drei Tage später las ich dann
Ein kranker Mann starb einsam, alt
Sein Foto sah ich auch sodann
An Ostern war es trüb und kalt

Oft denk ich an den Mann im Markt
Doch er und Ostern sind längst fort
Er kaufte Eier, Brot und Quark
Ich hätt´ ihn ansprechen solln dort

Letzter Sommer

Es war ihr letzter Sommer
So weit entfernt
Am Fluss
In abendlicher Kühle
Da gab es Eis am Stiele
Es war der letzte Sommer
Es war ihr letzter Kuss

Es war ihr letzter Sommer
Ein Abschied
Endlos lang
So einsam wards am Flusse
Leis sang sie:
„Gott zum Gruße"
Es war ihr letzter Sommer
Der letzte Sommerklang

Es war ihr letzter Sommer
So gern denk ich zurück
Wie schön war es gewesen
Am Fluss
Im Kiesel lesen
Es war der beste Sommer
Ein kleines Stück vom Glück

Eine Mutter

Die Arbeit war so hart, so schwer
Und die Familie wollte Zeit
Sie jagte hin, sie jagte her
Das Leben war entsetzlich schwer
Ihr schmerzte arg der Kopf, der Leib

Fürs Kind ein schönes Handy, neu
Der Mann verlangte auch sein Recht
Die Lebenszeit ging schnell vorbei
Und manches Handy blieb nicht neu
Am Abend fühlte sie sich schlecht

Sie funktionierte irgendwie
Und träumte sich in manchen Traum
Da war die ferne Melodie
Die war so schön, ja, irgendwie
Und draußen rauschte leis ein Baum

Doch dann am nächsten Morgen, ach
Da ging die Hatz von vorne los
Sie schuftete für Kind und Dach
Und wollte mit dem Mann kein′ Krach
Und fragte nie: „Was mach ich bloß"

Dann, eines Tages gegen Zehn
Ging es ihr schlecht, wie nie vorher
Da war ein Klopfen in ihr drin
Es war am Morgen gegen Zehn
Wo kam nur diese Schwäche her

Sie schwankte hin, sie schwankte her
Es ward ihr übel,
Sie sank hin
Ein Schmerz im Kopf, es brannte sehr
Sie fiel so leicht und gar nicht schwer
War -das- vielleicht ihr Lebenssinn

All die Gedanken flogen fort
Sie dachte an den Mann, das Kind
Mit Blaulicht und besorgtem Wort
Da brachte man sie endlich fort
Dorthin, wo alle Kranken sind

In einem weißen Zimmer dann
Erwachte sie und träumte nicht
Sie dachte an das Kind den Mann
In jenem weißen Zimmer dann
In jenem weißen kalten Licht

Ja, da begriff sie Stück für Stück
Dass ihre Hatz nichts bringen konnt
Sie lebte zwar, doch ohne Glück
Und das begriff sie Stück für Stück
Nie hatte sie sich je geschont

Da liefen Tränen ohne Zahl
Und aller Stress entlud sich arg
Vorbei die schlimme Seelenqual
Es flossen Tränen ohne Zahl
Man ist nicht immer groß und stark

Und der Professor setzte sich
Leis an ihr Bett, nahm ihre Hand
Dann sprach er nur: *„Ganz sicherlich
Geht's nicht so weiter, hoffentlich.
Denn Ihre Seele ist verbrannt"*

Sie wusste das und schwieg
Und schwieg
Die Ängste waren noch zu groß
Das Kind, der Mann,
Die waren lieb
Und sie lag hier und schwieg
Und schwieg
Und dachte nur: *„Was mach ich bloß"*

Zwölf Wochen fort, im Krankenhaus
Die Kräfte kehrten bald zurück
Dann, irgendwann ging es nach Haus
Im Blickwinkel das Krankenhaus
Und der Professor wünschte Glück

Sie kündigte den alten Job
Und fand ihr Leben wieder neu
Sie fand den Weg, und sie fand Gott
Fort mit dem Stress, dem alten Job
Mit Kind und Mann im frischen Heu

So manche Arbeit wiegt so schwer
Blind rennt manch Mensch durch seine Zeit
Doch alle Hatz nach noch viel mehr
Die bringt das Glück nicht hin, nicht her
Und Leere ist's, die übrig bleibt

Ein Taxifahrer

Es hat geregnet
Stundenlang
Er sah durchs Fenster auf die Straß´
Die Nacht verging minutenlang
Und er fuhr Taxi
Stundenlang
Der Asphalt glänzte regennass

Manch Träume kamen in ihm hoch
Was wäre, wenn es anders wär
Wenn er mal käm aus diesem Loch
Die Hoffnung war da immer noch
Wär dann dies Leben nicht mehr schwer

Ganz einfach weg sein
Irgendwo
Und fliehen aus dem Alltagstrott
Dorthin, wo alle Menschen froh
Ganz neu beginnen
Einfach so
Sein Taxi war doch eh nur Schrott

Die Frau, die Kinder
Spießigkeit
Und irgendwann ein kleines Haus
Und irgendwann Verdrießlichkeit
Und sterben an der Müßigkeit
Das hält doch keiner ewig aus

Ganz leise schlich er sich davon
Hinaus, wo kühl der Regen fiel
Die Nacht empfing ihn ohne Hohn
Er sah zum Haus, zu Frau und Sohn
Die ahnten nichts von seinem Ziel

Und er fuhr los, ins ferne Nichts
Der Regen wusch die Straßen frei
Er schien so fern des hellen Lichts
Die Nacht schluckt alles oder nichts
Und mancher Traum bricht da entzwei

Er war gefahren stundenlang
Längst lag die Stadt schwarz hinter ihm
Die Zeit verging wohl ewig lang
Und seine Seel' geriet in Brand
Er wollt nur fort
Irgendwohin

Am Flugplatz hielt er endlich an
Sollt er jetzt fliegen ganz weit weg
Er war gefahren stundenlang
Und mancher Traum hält ewig an
Wirft man so schnell sein Leben weg

Er nahm sein Geld und zählte es
Es würde reichen
Einmal hin
Da blieb nichts übrig, nicht ein Rest
Was, wenn man alles jetzt verlässt
Sein Herz schlug schnell tief in ihm drin

Und er stieg aus, lief schnell davon
Blieb stehen
Blickte kurz zurück
Sein Taxi, seine Frau, sein Sohn
Er war zu weit entfernt wohl schon
Lag vor ihm nun der Traum, sein Glück

Da sank er nieder
Und er schrie
Jedoch ansonsten blieb es still
Was sollt nur werden
Was und wie
Er war gesunken auf die Knie
Und längst verblasst sein großes Ziel

Die Hände schmutzig, auch die Knie
Ganz langsam stand er wieder auf
Warum jetzt hoffen
Was und wie
Es wird schon gehen
Irgendwie
Der große Traum
Er pfiff darauf

Er setzte sich ins Auto schnell
Und fuhr zurück in seine Stadt
Der Horizont ward langsam hell
Von irgendwo drang Hundsgebell
Dort, wo er sein Zuhause hat

Und eh der Morgen da begann
Saß er daheim am Frühstückstisch
Die Frau starrt´ ihn sehr lange an
„Hast Du geträumt, mein lieber Mann"
Er hat die Tränen schnell verwischt

Und nahm den Sohn in seinen Arm
Die Zeit verging ein kleines Stück
In seinem Herz war´s wohlig warm
Mit Frau und Sohn in seinem Arm
Fand er zurück zu seinem Glück

An manchem Tag
In mancher Nacht
Da fuhr er Taxi
Auch mit Spaß
Er hat sich nicht davongemacht
Und mancher Traum verging ganz sacht
Und mancher Asphalt glänzte nass

Eine Geschichte

Es war einmal
So im April
Da war sie glücklich mit dem Mann
Ihr kleines Kind, es war nicht still
Es lachte und es weinte viel
Und hielt die drei ganz fest zusamm

Die Sonne schien vom Himmelszelt
Es war ein wirklich schöner Tag
Da sang sie fröhlich in die Welt
Warm schien die Sonn vom Himmelszelt
Als plötzlich kam ein Schicksalsschlag

Ein Mann fiel schwer vom Baugerüst
Und jede Hilfe kam zu spät
Dort, wo ein Haus bald stehen müsst
Da fiel ein Mann vom Baugerüst
Ein Leben ward vom Wind verweht

Sie dachte grad an ihren Mann
Warum er wohl nicht kommen mocht
Ein schwarzes Auto hielt sodann
Vor ihrem Haus
Man klopfte an
Sie hat zum Mittag schon gekocht

Die Todesnachricht traf so schwer
Vorbei manch Traum
Vorbei das Glück
Ihr Blick war starr und ziemlich leer
So mancher Mittag wiegt so schwer
Sie glaubte schon, sie würd´ verrückt

Ihr war nach Schreien
Und nach Tod
Da starrt´ sie auf ihr Kindelein
Es schien bald wie ihr einzig´ Brot
Das sie bewahrte vor dem Tod
Das sie bewahrt´ vorm Einsam sein

Sie nahm das Kind in ihren Arm
Und wischte sich die Tränen fort
Die Kindesstirn war friedlich warm
Sie hielt ihr Kind ganz fest im Arm
An jenem traurig kühlen Ort

Jetzt musst´ sie stark sein für das Kind
Denn Papa kommt nun nimmermehr
Dort, wo so viele glücklos sind
Musste sie kämpfen für ihr Kind
Die Zeit verfloss
Mal gut, mal schwer

Und eines nachts am Himmelszelt
Erstrahlte hell ein neuer Stern
Der gab ihr Kraft für das, was zählt
In dieser schwierig schönen Welt
Der Papa sang ganz leis von fern

Das alles war vor zwanzig Jahrn
Das Kind ist groß
Die Mutter stolz
Es hat vom Papa nichts erfahrn
Der starb vor zwanzig langen Jahrn
Im Park nur weint ein Kreuz aus Holz

Am Straßenrand

Ein dunkles Kreuz am Straßenrand
Ich fahr vorbei
Es regnet leicht
Die Dämmerung zieht übers Land
Ein mahnend´ Kreuz am Straßenrand
Der Weg ist schmal
Und ziemlich seicht

Ich halte an und steige aus
Kein Mensch
Kein Auto fährt vorbei
Vorm Kreuze wacht ´ne Stofftiermaus
Ansonsten sieht´s recht einsam aus
Ein Wind weht welkes Laub herbei

Ich lese jene Worte dort
Man ritzte sie ins Holze ein
Was für ein schicksalhafter Ort
Der Regen wischt manch´ Träne fort
Wer mochte wohl der Junge sein

Er war so achtzehn Jahre jung
Er hatte sicher manchen Traum
In jener Kurve mit viel Schwung
Blieb er nur achtzehn Jahre jung
Blieb er zurück am Straßensaum

Ich streiche übers Kreuz ganz sacht
Es ist vom Regen nass und rau
Die Uhr zeigt abends gegen Acht
Sehr lange hab ich nachgedacht
Aus seinem Tod werd ich nicht schlau

Als ich zurück zum Auto geh
Glaub ich, es winkt mir jemand zu
Noch einmal ich zum Kreuze seh
Und wieder tut's im Herzen weh
Und überall ist's trüb
Ist Ruh

Ein kleines Kreuz am Straßenrand
Ich fahr davon
Es regnet stark
Ich hab den Jungen nicht gekannt
Nur blieb sein Kreuz am Straßenrand
Ich hatte eine gute Fahrt

Die Wahrsagerin

Tagtäglich so ab sieben Uhr
Ist sie vor Ort
Ihr Lächeln pur
Sie ist stets auf dem letzten Stand
Sie hört sich alle Sorgen an

Sie gibt manch Rat und warnt auch mal
Sie fühlt sich wohl, kennt keine Qual
Bei jedem sieht sie Reichtum, Glück
Dass niemals kommt ein Missgeschick

Ja, sie verkauft manch Sehnsuchtstraum
Und schwärmt von Sekt mit ganz viel Schaum
Sie ist die Fernsehqueen, hat Geld
Man kennt sie auf der ganzen Welt

Doch irgendwann gen Mitternacht
Die Kameras längst ausgemacht
Da spürt sie plötzlich einen Stich
Im Herzen schmerzt es fürchterlich

Ein Schwindel zieht durch Aug und Hirn
Und Schweiß tropft schwer ihr von der Stirn
Sie weiß nichts mehr – was ist nur los
Sie ruft ganz laut: „Was mach ich bloß"

Doch schlägt nur Schweigen da zurück
Panische Angst
Wird sie verrückt
Und ihre Seele sinkt behänd
Dorthin, wo man sie nicht mehr kennt

Vorbei an all den Menschen fällt
Sie nach unten und zerschellt
All jene Wünsche, all das Glück
Was sie einst riet
Bleibt weit zurück

Und wie sie liegt am tiefsten Punkt
Und nichts mehr sieht
Und nichts mehr summt
Da spricht jemand zu ihr ganz leis:
„Dies ist für all dein Glück der Preis"

Wie Schuppen fällt's ihr da vom Blick
Sie muss nach Haus
Sie muss zurück
Denn all die Wünsche, all das Geld
Sind wohl nicht das, was wirklich zählt

Und all die Worte, die sie sprach
All jene Weissagungen, ach
Die bringen nichts
Die sind nicht echt
Man macht es niemals allen recht

Am End bleibt nur der eigne Weg
Den man sehr selten recht versteht
Das Einzige, was wirklich gut
Bleibt nur das Leben
Ist das Blut

Ganz langsam steht sie wieder auf
Strebt kraftvoll, stark zum Lichte rauf
Und sie beginnt den neuen Tag
Mit klarem Blick und ohne Frag

Sie weiß es jetzt und fühlt sofort
Man muss nicht ewig sein vor Ort
Kein Mensch weiß überall bescheid
Das wahre Glück kommt mit der Zeit

Die Hafenbar

Mir ging es schlecht
Der Kopf wog schwer
So lief ich in der Stadt umher
Fand gleich am Hafen diese Bar
Die ganz aus Holz
Gemütlich war

Am Tresen stand ´ne kleine Frau
Mit süßem Lächeln
Augen blau
Sie fragte mich, was mit mir sei
Sie lud mich ein – ganz frank und frei

Ich nahm schnell Platz bei einem Bier
Die Barfrau setzte sich zu mir
Sie war so warmherzig
So lieb
Ihr Blick so manch´ Geschichte schrieb

Beim zweiten Bier erzählte ich
Von meinen Sorgen
Anschaulich
Von all dem Dreck um mich herum
Von meinem Leben
Das so krumm

Sie hörte zu, hielt meine Hand
Sie meinte, dass sie mich verstand
Mir wurde da so Vieles klar
In jener kleinen Hafenbar

Sie sprach:
„Schau stets nach vorn zum Ziel
Der andre Mist zählt nicht mehr viel
Dort vorn nur liegt der neue Tag
Geh weiter, denn du bist sehr stark"

Sie gab mir einen grünen Stein
Er sollt die Hoffnung für mich sein
Ich hielt ihn fest
Er war so kühl
Und plötzlich sah ich jenes Ziel

Schnell wollt ich zahlen
Wollte gehn
Die Frau doch wollt mein Geld nicht sehn
Sie winkte ab und wünschte mir
Ein bisschen Glück
Auch ohne Bier

Ich fühlte mich recht gut
Recht stark
Und lachte wieder in den Tag
Mein Leben schien mir wieder leicht
Mein Schritt war kraftvoll, gar nicht weich

Am nächsten Tag, früh gegen Acht
Hab ich zur Bar mich aufgemacht
Wollt mich bedanken für den Stein
Bei jener Barfrau, die so klein

Doch als am Hafen ich dann stand
Die Bar ich nirgends wiederfand
Das Haus, wo gestern noch die Bar
Eine Ruine nur noch war

Ich fragte Leute auf der Straß:
„Wo ist die Bar
Zum dunklen Fass"
Ein alter Mann erklärte leis
Dass er von diesem Hause weiß

„Die Bar, die einst gestanden stolz
Die brannte ab, weil sie aus Holz
Und jene Barfrau starb dabei
Vor zwanzig Jahren war´s vorbei"

Recht schweigsam schaute ich aufs Meer
Ich wünscht mir jene Barfrau her
Und wie aus einer andren Zeit
Hört ich sie singen, so befreit

„Schau stets nach vorn, zu deinem Ziel
Der andre Mist zählt nicht mehr viel
Den Stein halt fest in Hand und Herz
Leb wohl und sieh mal himmelwärts"

Der Stieglitz

Es fliegt ein Stieglitz durch die Zeiten
Fliegt durch Berlin, Paris und Prag
Will nirgendwo zu lange bleiben
Er fliegt behänd durch Tag und Zeiten
Und zwitschert, wie er zwitschern mag

Denkt an die Welt, die schöne, helle
Die war einst ziemlich trüb und schlimm
Er ist ein lustiger Geselle
Denkt an die Welt, die flotte, schnelle
Und sinnt nicht übern Lebenssinn

Da, auf dem Baum, ne kleine Pause
Ein kleines Lied für jedermann
Vielleicht noch eine lustig´ Sause
Dann zieht er weiter übers Hause
Und weiter fort, durchs Land sodann

Am Strand lauscht er dem Meeresrauschen
Wer weiß, wovon er da so träumt
Vielleicht will er der Brandung lauschen
Doch will er nie mit andern tauschen,
weil er vom Leben nichts versäumt

Schon bald erhebt er sich mit Kräften
Und flattert übers Meer davon
Er fühlt sich gut, in besten Säften
Scheint jenseits wohl von Geldgeschäften
Wer fragt den kleinen Vogel schon

Er ist ein Stieglitz unter vielen
Und fliegt, weil er halt fliegen muss
Wer weiß schon von den Stieglitz-Zielen
Vielleicht will er nur einfach spielen
Vielleicht ist er ein Gottesgruß

So fliegt er weiter durch die Zeiten
Fliegt von New York nach Binz und Bern
Wohl will er nirgends lange bleiben
Er fliegt nur fröhlich durch die Zeiten
Ich wink ihm oft
Ich hab ihn gern

Die Muschel

Ich fand sie dort am langen Strand
Die große Muschel, ganz in weiß
Sie lag so einsam da im Sand
Die schöne Muschel dort am Strand
Und Sommer war es
Schwül und heiß

Ich hob sie auf, hielt sie ans Ohr
Es rauschte so geheimnisvoll
Welch Engel sie wohl hier verlor
Ich hielt sie einfach nur ans Ohr
Und plötzlich fühlte ich mich wohl

Die Kinder sprangen um mich rum
Das Wasser kühlte, war so frisch
Die Muschel lag am Strand herum
Und Kinder sangen um mich rum
Und manchmal auch ein kleiner Fisch

Ich dacht, ob ich jetzt baden geh
Mal so ins Wasser, wär's nicht toll
Gar friedlich lag die wilde See
Ob ich vielleicht mal baden geh
Im Wasser wär's so wundervoll

Da sprach die Muschel lieb und leis:
„Du bist doch frei, los, spring' ins Nass"
An jenem Strand, der lang und weiß,
War's wunderschön und ziemlich heiß
Im Wasser hatte ich viel Spaß

Die Muschel nahm ich mit ins Meer
Und ließ sie frei, sie tauchte schnell
Der Tag fiel leicht mir, gar nicht schwer
Ich nahm die Muschel mit ins Meer
Und plötzlich ward manch Trübes hell

All jene Sorgen, tief in mir,
Die nahm die Muschel mit sich fort
Mir schien, sie lag für mich nur hier
Sie nahm die Nöte tief in mir
Verzauberte die Welt, den Ort

Fast wie ein Kind sang ich und sprang
Am Ufer her und wieder hin
Ich hör noch heut der Muschel Klang
Sie rauschte leis und lieb und lang
Sie gab mir neuen Lebenssinn

Ich fand sie da am Meeresstrand
Die weiße Muschel, groß und weiß
So manches Jahr zog übers Land
Ihr Rauschen blieb mir, da am Strand
Und Sommer war's
So schön und heiß

Intensivstation

Die Mutter liegt im Krankenhaus
Auf einer Intensivstation
Tief in mir drin sieht's düster aus
Die Mutter liegt im Krankenhaus
Ich lieb sie sehr
Ich bin ihr Sohn

Geh jeden Tag zu ihr dorthin
Dort scheint mir alles fremd, steril
Die Mama wollte nie dorthin
Und ich geh jeden Tag dorthin
Hoff auf ein Wunder
Gar nicht viel

Die Apparate piepsen leis
Die Schläuche liegen überall
Der Kreislauf ist mal dünn, mal heiß
Ich weiß nicht mehr, was sonst ich weiß
Mein Leben ist in freiem Fall

Hab so viel Fragen in mir drin
Stell sie dem Arzt, der Schwester auch
Wie geht's nur weiter, wo geht's hin
Tief hämmern Fragen in mir drin
In meinem Hirn zieht Angst und Rauch

So viel geht mir durch Mark und Sinn
Und durch mein Herz, das schmerzt so sehr
Geh jeden Tag zu ihr dorthin
Und weiß ansonsten nicht wohin
Ach, meine Seele wiegt so schwer

Manchmal spricht Mama leis ein Wort
Das ist so kostbar, wichtig, lieb
An diesem schwierig schweren Ort
Zählt jedes Streicheln, jedes Wort
Zählt mein Gebet, dass leise zieht

Die Schnabeltasse auf dem Tisch
Mit Wasser, Brei gefüllt nur halb
Ach Mama, warum trinkst du nicht
Ich halt die Tasse doch für dich
Kommst du nach Hause wieder
Bald

Die Mutter ist im Krankenhaus
Auf einer Intensivstation
Mit meiner Hoffnung halt ich's aus
Bin jeden Tag im Krankenhaus
Ich lieb sie sehr
Ich bin ihr Sohn

Kneipenschluss

Ich stolpre mich durch dunkle Straßen
Kein Mond, kein Himmel über mir
Nur eine Pfütz im Straßengraben
Feucht ist der Nebel
Feucht mein Kragen
Noch immer dreht das letzte Bier

Mir ist so übel
Ich muss kotzen
An jener Wiese, die sonst schön
Ich starr ins Nichts
Nichts da zum protzen
Ich blinzle nur
Ich kann nicht glotzen
Will lang noch nicht nach Hause gehn

Mein Schrei gellt durch die düstern Gassen
Die Angst kriecht scharf ins schlaffe Hirn
Ich lass mich falln, ins Gras, dem nassen
Zäh klebt die Zeit
Ist nicht zu fassen
Die Düsternis will mich verwirrn

Mein Geld versoffen in der Kneipe
Wo stundenlang ich so gehofft
Im Spiel der Eitelkeit schnell pleite
Des Lebens allertrübste Seite
Manch Hoffnung längst von Frust verstopft

Ein Auto zischt an mir vorüber
Erkenn das rote Rücklicht kaum
Es gießt in Strömen in den Flieder
Durchnässt behänd mich immer wieder
Ich schieb mich heulend untern Baum

Ob sich das alles mal verändert
Obs anders wird vielleicht
Und wann
Das halbe Leben so verschwendet
Ich weiß nicht mehr, ob das mal endet
Will heim, nur heim
Ganz schnell
Sodann

So stolpre ich mich immer weiter
Kein Mond, kein Stern blitzt über mir
Vielleicht bin ich schon bald gescheiter
Denn nachts ist´s dunkel
Gar nicht heiter
Im Spiegelbild von Schnaps und Bier

Die Bank am Wald

Recht einsam steht die Bank am Wald
Sie ist verwittert und schon alt
Manch Brett brach durch
Man strich sie an
Ich sitz hier gern, auf ihr
Sodann

Von hier aus schau ich auf die Stadt
Die unten liegt und Leben hat
Doch auch zum Himmel ist's nicht fern
Von hier aus seh ich gut die Stern'

Die Bank kennt auch mein Auf und Ab
Sie kennt mich, wenn ich stark und schlapp
Sie kennt auch meine Tränen gut
Sie gibt mir Kraft
Sie gibt mir Mut

Und wenn ich wieder gehen will
Dann lächelt sie so lieb und still
Dann sag ich leis:
„Mach's gut, bis bald"
Da ist's egal, ob warm
Ob kalt

So einsam steht die Bank am Wald
Verwittert ist sie
Und schon alt
Ich bin hier gern
Ich bin hier froh
Auf meiner Bank
Im Nirgendwo